कुछ कही अनकही बातें

दिल से दिल तक

Rashi Mongia

BookLeaf Publishing
India | USA | UK

Made with ❤ on the BookLeaf Publishing Platform
www.bookleafpub.in
www.bookleafpub.com

Dedication

This book is dedicated to all beautiful hearts and budding authors, you are just a step away from empowering the entire world through the magic of your words.

Spill the magic, feel your emotions, string them into a poetry book, if it's not now it's never.

ये छोटी सी किताब हर उस दिल को गुदगुदाने के लिए लिखी गई है, जो अपने अल्फ़ाज़ों को कलम के जादू से काग़ज़ पर उतारने का ज़ज़्बा रखते है ।

A shout out to every writer, keep writing and inspiring with your heartfelt emotions and stories.

Preface

कुछ कहीं अनकही बातें,
जो जाने अनजाने दिल के किसी कोने में रह जाती है,
बहुत कोशिशों के बाद,
वो सब बातें आज अल्फ़ाज़ों में क़ैद,
इस किताब के रूप में आई है।

This bilingual book comprises 19 pieces of Hindi prose and 2 in English.

This poetry book is collection of unexpressed and untold emotions deep within the heart.

Each line is a reflection of harsh reality of life-heart felt happiness, love, pain and silence.

I hope these words and emotions touch every heart, and connect with every soul.

With Love
Rashi Mongia

Acknowledgements

Acknowledgment

This book is not just a compilation of poems — it embodies a fragment of my essence, molded by love, suffering, hope, and everything in between.

I wish to start my journey of gratitude with the divine power, the backbone behind me — God, who blessed me with this life and always helps me walk the right path.
To my family — my parents, Mr. Gyan Prakash Khatri and Mrs. Sushma Khatri — your unwavering love and support have always been a blessing.
To my in-laws, Mr. Harish Mongia and Mrs. Sushma Mongia, thank you for consistently placing your faith in me and guiding me through.
To my husband, Mr. Mohit Mongia, who believed in me even when I struggled to believe in myself — your affection has illuminated my path during the bleakest moments.
To my kids, Garv and Pehal, your love and care have always inspired me to strive for my future goals.
To the friends who lent me their ears without judgment, who motivated me to persist in my writing journey — I

am deeply grateful.

To those who shattered me and those who helped me heal — each of you has left your mark on these pages. Every emotion expressed in these poems originates from a genuine place, and I am thankful for every experience that has brought me to this.

If even a single line resonates with your heart, then I am confident this journey has been worthwhile.

With all my affection,
Rashi Mongia

1. बस एक मुस्कुराहट

Spread Smiles
Smiles cost nothing but means everything

बस एक मुस्कुराहट

बस एक मुस्कुराहट ही काफ़ी है,
दिन बनाने के लिए,
फिर क्यों इतना बोझ लिए घूमते है,
ज़माने के लिए,

जिसे हँस के टाला जा सकता है,
उसे क्यों रो के बढ़ाना,
खूबसूरत सी ज़िंदगी को क्यों रुलाना ।

एक मुस्कुराहट ही है,
जो बिना बोले बहुत कुछ कह जाती है,
हर अधूरे काम पूरे कर जाती है ।

हर मर्ज़ की दवा है ये,

हर दुआ का एहसास है ये,
हर खामोशी का ज़ुबान है ये,
फिर क्यों इतनी कंजूसी कर जाते है मुस्कुराने में,
मुस्कुरायीय, क्यूंकि ज़िंदगी जीने की असली वजह है ये।।।

"Smile for life and life will smile for you."

2. जो तस्वीरों में होते है वो तक़दीरों में नहीं

जो तस्वीरों में होते है वह तक़दीरों में नहीं

तस्वीरों में साथ देने वाले अक्सर तक़दीरों में नहीं होते,
और जो तक़दीरों में साथ देते है, वो शायद तस्वीरों में नहीं होते।

जिस जिस से उम्मीद लगा कर बैठोगे, कि वो आयेगा,
हर वो शक्स उम्मीद तोड़ के ज़रूर जाएगा,

जिस जिस से उम्मीद लगा के बैठोगे, कि वो आयेगा ,
हर वो शक्स उम्मीद तोड़ कर ज़रूर जाएगा ।

इसलिए जनाब लोगों पर कम,
और उस ऊपर वाले पर भरोसा थोड़ा ज़्यादा रखिए।

एक वो ही है, जो बिना तस्वीर में आये भी,
तक़दीरों में बहुत कुछ लिख के जाएगा ।

और उसका लिखा कोई चाह के भी, नहीं मिटा पाता,
लाख कोशिशों के बाद भी नहीं मिटा पाता,

गिराने वाला अगर वो हो, तो सम्भलना मुश्किल,
और अगर संभालने वाला वो हो तो,
गिराने वालों की तो ख़ैर नहीं I

3. दोस्तों की दोस्ती

दोस्तों की दोस्ती

दोस्तों की दोस्ती जैसा सुकून कहाँ,
उनके बेपरवाह प्यार जैसा जुनूँ कहाँ,

बस ये दोस्त ही तो है,
जो हम में हमको ज़िंदा रखते है,
वरना ज़माने ने कोई कमी ना छोड़ी हमे सताने में,

कुछ अजीब होते है ये दोस्त भी,
कभी हर मर्ज़ की दवा बन जाते है,
तो कभी ख़ुद ही दर्द की वजह बन जाते है,

कभी बिना बात के रूठ जाते है,
तो कभी हर बात पर मुस्कुराते है,

कभी पास होकर भी दूर हो जाते है,
तो कभी मीलों दूर होकर भी दिल के पास रहते है,

ये ना हो तो ज़िंदगी बेरंग सी लगती है,

बिना तूफ़ान के शांति सी लगती है,

इनके होने से ज़िंदगी में शोर गुल है,
वरना खामोशियों में यूँ ही घूम हो जाते हम।।।।

Dedicated to all my friends.....

Life really seems like a painted canvas with you, thanks for painting beautiful moments together on the canvas of my life....

4. काश

काश

काश कुछ कहीं अनकहीं बातों को जुबान मिल जाए,
कुछ सुनी अनसुनी बातों को पहचान मिल जाए,

काश आँखों की ज़ुबान हर दिल को छू जाए,
बिना कहे ज़ज़्बातों को मुकाम मिल जाए,

काश दिल और दिमाग़ की जंग में दिल की जीत हो,
पैसों और प्यार की जंग में प्यार की जीत हो,

काश अधूरे ख्वाबों को पंख मिल जाए,
हर अंधेरी रात की सुबह मिल जाए,
और हर सुबह को हसीन शाम मिल जाए,

काश वक्त की रफ़्तार को रोकने का ज़रिया मिल जाए,
कुछ यूँ हो कि, खुशियों में वक्त थम सा जाए,
और दुखों में वक्त आंधी बन कर उड़ जाए।

काश हर मुसाफ़िर को सही दिशा मिल जाए,

हर रास्ते को उसकी मनचाही मंजिल मिल जाए,

काश हम मरने से पहले जीना सीख जाए,
काश हम मरने से पहले जीना सीख जाए।।।

काश काश काश ।।।।।

5. इस भागती दौड़ती दुनिया में

इस भागती दौड़ती दुनिया में

इस भागती दौड़ती दुनिया में ,
जिसे देखो वो भाग रहा है ,

कोई अपनों के पीछे तो तो कोई सपनों के पीछे,
कोई दौलत के पीछे तो कोई शौहरत के पीछे,
कोई मोहब्बत के पीछे तो कोई नफ़रत के पीछे,

कोई रिश्तों को तोड़ने के पीछे, तो कोई जोड़ने के पीछे,
कोई जीतने के पीछे, तो कोई हराने के पीछे,

ना जाने क्या छूट रहा है, जो भागने पर भी नहीं मिल रहा,
सुकून की तलाश में, सुकून ही खो बैठे है,
मंजिलों के निशान मिले नहीं, पर रास्ते के निशान खो बैठे है,

इस भाग दौड़ में ना जाने कितना समय निकल गया,
जब रुक कर थमना चाहा, तो पास बैठे सिर्फ़ तन्हाई मिली,

वक्त हो चला था अब सब छोड़ने का,

वक़्त हो चला था अब सब छोड़ने का,

पाने से ज़्यादा खोया है इस दौड़ में,
पाने से ज़्यादा खोया है इस दौड़ में,

इस भागती दौड़ती दुनिया में,
वक्त हम से आगे निकल गया,
और हम भागते ही रह गए, और हम भागते ही रह गए ।।।।

6. Promise yourself

**Enough of promising others.
Slow down and promise yourself
today.**

Promise yourself

Promise Yourself
few hours of a day,
few deeds of your own.

Promise yourself,
a bit of craziness to keep you alive,
a pinch of salt and sugar to keep relations alive.

Promise yourself,
a working mind and a peaceful soul,
appraisals and a motivational pull.

Promise yourself,
to move ahead of failures,
and raise a toast to your success.

Promise yourself,
lots of cuddles and hurdles,
lots of laughter and love.

Promise yourself,
to write your own life story,
in your own dramatic style.

And at last, promise yourself,
to be you - your true self - forever.
Don't ever change for name, fame or money.

7. No matter what happens

No matter what happens

No matter what happens,
Laugh aloud, cry a little,
Speak a lot, hide a little.

No matter what happens,
Give a lot, expect a little,
Save a lot, spend a little.

No matter what happens,
Love a lot, hate a little,
Praise a lot, criticise a little.

No matter what happens,
Share a lot, withhold a little,
Forgive a lot, blame a little.

No matter what happens,
Thanks a lot, complain a little,

Smile a lot, gripe a little.

No matter what happens,
Bless a lot, curse a little,
Live a lot, die a little.

No matter what happens in life,
There is a reason you've made it this far.
Give time to the things that matters the most to you.
Keep the faith alive.
Keep the faith alive.
Keep it going......

8. रिश्तों में रिश्ते खो गए

रिश्तों में रिश्ते खो गए

रिश्तों में रिश्ते खो गए,
अपनों का अपनापन खो गया,
सुलझा सुलझा सब उलझा तब ,
जब पैसों के साथ दिलों के बटवारे हो गए,
जब पैसों के साथ दिलों के बटवारे हो गए,
तब पता चला रिश्तों में रिश्ते कहाँ खो गए,
थे सब मतलब के ग़ुलाम,
मतलब पूरा होते ही गुम हो गए,
रिश्तों में रिश्ते खो गए ।

जीते थे जो एक दूसरे के लिए,
अब अक्सर दूर दूर नज़र आते है,
पास रहने के ढूँढते थे बहाने,
ना मिलने की दुआ करते है अब ,
रिश्तों में रिश्ते खो गए ।

सिक्कों की खनक में
अपनी के एहसास खो गया,

आज थे किसी के ,
और कल किसी और के हो गए,
अब तक सुना था पैसा बोलता है,
आज रिश्तों में पैसों को चीखते देखा,
आज रिश्तों में पैसों को चीखते देखा,
रिश्तों में रिश्ते खो गए।

कौन सच्चा कौन जूठा,
यह भी पता ना चला,
लोग ऐसे जूठ को सच बनाने लगे,
कि रिश्तों में रिश्ते खो गए।

आलम यह थे कि रिश्तों की इस जंग में,
अपने बेगाने हो गए,
और बेगाने अपने हो गए,
कुछ इस तरह रिश्तों में रिश्ते खो गए।।।

9. गुज़ारिश बस इतनी उस खुदा से

गुज़ारिश बस इतनी बस उस खुदा से

गुज़ारिश बस इतनी उस खुदा से,
कि मेरी कलम का जादू कुछ ऐसा हो,
जो हर रूह को छू जाए,
मेरे अल्फ़ाज़ों का शोर कुछ ऐसा हो,
जो हर मुरझाए चेहरे को मुस्कान दे जाए।

गुज़ारिश बस इतनी उस खुदा से,
कि मेरे जज्बातों का एहसास कुछ ऐसा हो,
जो हर दिल को छू जाए,
मेरे शब्दों की गूँज कुछ ऐसी हो,
कि हर खामोशी को तोड़ पाए।

गुज़ारिश बस इतनी उस खुदा से,
कि मेरी कविताओं का भाव कुछ ऐसा हो,
जो हारे हुए हर दिल का उम्मीदों से भर दे,
मेरी कहानियों का मोड़ कुछ ऐसा हो,
जो गिरते हुए को भी सहारा दे जाए।।

गुज़ारिश बस इतनी उस खुदा से,
कि रहमत इतनी हो उसकी
की मेरी कलम रुक ना पाए,
हर सच को लिखने की ताक़त हो,
हर जज़्बात को लिखने की हिम्मत हो।

बस इतना हो,
रोते हुए को हँसा पाऊ,
रूठे हुए को मना पाऊ,
भटके हुए को सही राह दिखा पाऊ,
उलझे जो कोई सुलझा उसे पाऊ,
तेरे दी हुई ज़िंदगी, में कुछ तो कर पाऊ ।।।

10. कुछ यूँ जीओ ज़िंदगी

कुछ यूँ जीओ जिंदगी

कुछ यूँ जीओ ज़िंदगी,
कि मिसाल बन जाए,
अँधेरे को जलाने की मशाल बन जाए।

कुछ यूँ मुस्कुराओ,
कि मुरझाए हुए दिल की आस बन जाए,
टूटे हुए दिल की उम्मीद बन जाए।

कुछ यूँ गुनगुनाओ,
की हर रूह को आवाज़ मिल जाए,
धड़कन की लय बन जाए।

कुछ यूँ बोलो,
की हर लफ्ज़ दवा बन जाए ,
लोगों के जीने की वजह बन जाए।

कुछ यूँ चलो,
कि हर रास्ते को मंजिल मिल जाए,

भटके हुए को दिशा मिल जाए।

कुछ यूँ रिश्ते निभाओ,
कि रिश्तों में जान आ जाए,
प्यार इतना हो रिश्तों में की अपने पराये का फ़र्क़ मिट जाए।

कुछ यूँ जीओ ज़िन्दगी
कि मारने के बाद भी,
हर दिल पर तुम्हारी यादों के निशान रह जाए।।।।।

11. ख़ुशियों की चाभी

खुशियों की चाभी

चाबी ढूँढने से पहले
ये सवाल आता है
की खुशियों को ताला लगाया किसने???

ख़ुशी तो हर पल महसूस की जा सकती है,
ख़ुश रहने से आसान कुछ नहीं,
और इस से ज़्यादा मुश्किल भी कुछ नहीं,

इसे किसी एहसास में ताला लगा के रखा है,
फर्स्ट आऊंगा तो बहुत ख़ुशी होगी
नई कार लूंगा तो ख़ुशी मिलेगी,
नौकरी मिलेगी तो, गर्ल फ़्रंड मिलेगी तो,
बिज़नेस ग्रो करेगा तो,

ख़ुशी को भी हमने रिश्वत से बाँध रखा है,
कुछ मिलेगा तो, ही ख़ुश रहेंगे,
वरना खुशियों को दिल के किसी कोने में क़ैद रखेंगे।

तो अब बहुत हुआ,
ताले चाभी का खेल,
खुशियों की चाभी से दिल का ताला खोलिए।

खुशियाँ बाँटने से मिलती है
दिल खोल कर बाँटे,
जेब खोल कर बाटे,
किसी के दर्द की नहीं,
किसी की मुस्कान वजह बने,
बेवजह गुस्सा नहीं,
बेवजह मुस्कुराइये,
शायद आपकी मुस्कान किसी के जीने की वजह बने।।

ख़ुश रहने से खुशियाँ बढ़ती है,
यह एक छोटा सा बच्चा सीखा जाता है,
वह मुस्कुराता है तो पूरा घर मुस्कुराता है,
वह रोता है तो पूरा घर परेशान हो जाता है ।

और इतनी से बात समझने में
कइयों के पूरी ज़िंदगी लग जाती है,
वजह शायद यह भी है,
की किसी स्कूल कॉलेज में
ख़ुशी का चैप्टर नहीं,
सिर्फ़ सक्सेस और फेलियर का चैप्टर,
सिखाया जाता है,

काश ज़िंदगी के कुछ ऐसे चैप्टर सीखने के लिए भी एक स्कूल हो,

जो बचपन से ही ख़ुश रहने और खुशियाँ बाँटने का पूरा यूनिट सिखाये,
तो शायद सिर्फ़ ये जेनरेशन नहीं आगे के हर जेनरेशन ख़ुश रह पाए।

एक इंसान ख़ुश रहने के सौ बहाने ढूँड सकता है,
और वही इंसान दुखी रहने के सौ बहाने ढूँड लेता है।

फिर क्यों ना हँसने और हँसाने के बहाने ढूँढे,
खुशियों को तिजोरी में क़ैद ना करे,
उसे ती बस क़ुदरत की हर रेहमत पर महसूस करे,
चाभी हमारे पास ही है,
खोल दिजये ताले दिल के,
और फेंक दिजये चाभी किसी जगह,
जहाँ उसकी सही ज़रूरत हो शायद।।

12. उफ़्फ़ ये जेनरेशन

उफ़्फ़ ये जेनरेशन

इनकी तनहाइयों में है शोर,
और शोर में तन्हाई,
है इनके दोस्त तो बहुत,
पर अपना कोई नहीं,

रातों को जागते काम के लिए,
दिन को सोते आराम के लिए,

टेक्नोलॉजी में अपडेटेड,
पर संस्कार में आउटडेटेड,

रियल लाइफ का पता नहीं,
पर रील का है सारा ध्यान इनको,

सोशल मीडिया पर रहते है ये ऐक्टिव,
पर पर्सनल लाइफ में है इनेक्टिव,

डेटिंग भी होती अब ऑनलाइन इनकी,
लव ऐट फर्स्ट साइट तो सुना था,
पर कुछ सिच्युएशनशिप पर आ अटका है लव एंगल इनका,
स्टोरी और स्टेटस पर करते फीलिंग अपडेट,
मिलने का नहीं होता वेट,
तो वीडियो कॉल में ही करते डेट।

स्मोकिंग को है ट्रेंड समझते,
वाइन है स्टेटस सिंबल,
नशे में खोना है सो कूल,
पार्टिंग लेट नाईट है वीकेंड फ़न।

और कुछ कह दो इनसे
तो कहते, इट्स माय लाइफ, लेट मी एंजॉय।।।।

13. उम्र के इस पढ़ाव पर

उम्र के इस पढ़ाव पर

उम्र के एक पढ़ाव पर,
पर जब ख़ुद से पहचान हुई,
तो एहसास हुआ वक्त से भी तेज रफ़्तार में भाग रहे थे हम,

जाने अनजाने,
कभी पैसों तो कभी रिश्तों,
के पीछे भाग रहे थे हम,

कभी घर वालों, तो कभी बाहर वालों
को इम्प्रेस करने में लगे थे हम,
बढ़ती उम्र ने जब दस्तक दी
तो हम रुक गए, कुछ थम से गए,
लोग कहने लगे की कुछ बदल गए हम ।

अब सिर्फ सुकून के लिए जीने लगे हम,
देर से ही सही पर यह एहसास गुदगुदा सा गया दिल को,
कि सुकून से बड़ा कोई तोहफ़ा नहीं इस दिल के लिए,

कुछ बेफ़िक्र बेपरवाह हुई ज़िंदगी अब
सुकून ने दस्तक दी जब,
बेवजह मुस्कुराने लगे हम,
औरों से कम ख़ुद से,
रिश्ते ज़्यादा निभाने लगे हम।

ज़िन्दगी इतनी खूबसूरत है,
बहती हवा और बहते पानी,
जैसे ख़ूबसूरती में बहने लगे हम,
हर ज़र्रे में है रहमत उस खुदा की,
यह समझने लगे हम,

उम्र के इस पढ़ाव पर,
ना कुछ अच्छा ना कुछ बुरा,
सब कुछ बस टेम्परारी है,
यह समझने लगे हम,

उम्र के इस पढ़ाव पर,
बस सुकून के लिए जीने लगे हम,
और लोग कहते है कुछ बदल से गए हम।।।

14. आदते

आदते

ये आदतें ही है,
जो हमे अपना मोहताज़ बनाती है,
ये ही है जो ज़िंदगी बिगड़ने या सवारने का हुनर रखती है,
अच्छी आदतें आसमान तक पहुंचाती है,
वहीं कुछ ग़लत आदतें हमे ख़ुद से ही हरा देती है।

जिन आदतों के मोहताज़ हुए हम,
उनकी क़ीमत आज तक अदा कर रहे है,
आदतों की फितरत ही नहीं साथ छोड़ने की,
वरना बहुतों को साथ छोड़ते देखा है।

सोचा ना था यूँ झुकेंगे अपनी ही आदतों के आगे,
पर अब एहसास हुआ, जब झुके बिना रह ना पाए हम,

हम तो बदलते वक्त के साथ आदतों को बदलने चले थे,
सोचा बदलना तो आसान है,
पर जब बदलना चाहा तो समझे,
यूँ ही नहीं कहते सब,

अच्छे लोग और सच्ची आदतें आसानी से नहीं मिलती ।

15. सफ़र था मंज़िल से ज़्यादा खूबसूरत

सफ़र था मंज़िल से जायदा खूबसूरत

किसे फ़िक्र है मंज़िल की,
जब मंज़िल के रास्तों हो इतने हसीन।

कुछ अनजान लोग यूँ मिले रास्तों पर,
कि मंज़िल की परवाह ना रही,
बस सफ़र का मज़ा लेने लगे हम,
रफ़्तार कुछ धीमी सी हो गई,
और मंजिल भी करीब आ गई।

कुछ ऐसा था असर उनका,
राहों के पथर पानी हो गए,
काँटों ने फूल बनकर किया रास्ता आसान,
सफ़र अब सफ़र ना रहा ,
एक ख़ूबसूरत मंज़र बन गया,
ज़िंदगी जीने का मक़सत बन गया।

कुछ ऐसे ही होते है फ़रिश्ते शायद,

जो जाने अनजाने किस रूप में आ जाए पता नहीं,
जिनकी उँगली थामे रास्ता भी कट जाता है,
और मंजिल भी मिल जाती है।

है, आपकी ज़िंदगी में भी कोई ऐसा,
तो करे कद्र उसकी,
यूँ ही नहीं मिलते फ़रिश्ते सबको,
उस खुदा की मर्जी होती है,
तभी ज़िंदगी आसान होती है,
है फ़रिश्तों का कोई एक नाम नहीं,
कभी कोई अपना तो कभी कोई पराया,
ना जाने किस रूप में मिल जाए, पता नहीं ।

फ़िक्र हो किसे मंजिल की,
जब रास्ता हो इतना हसीन ।।।।।

16. आख़िरी दस्तक

आखिरी दस्तक

एक आख़िरी दस्तक
उस खुदा की,
जो झंझोड़ के रख देती है,
पूरी ज़िंदगी दिखा जाती है वह एक दस्तक,

दस्तक तो दिल पर होती है,
पर असर दिमाग़ पर होता है,
रूह काँप उठती है,
आईना देख कर,
जब आख़िरी बार दस्तक होती है,

सब सच जूठ सामने आता है,
जब वह खुदा हमको हमारे ही कर्मों का आईना दिखता है,
आज तक हम दूसरों की ग़लतियाँ निकल कर ख़ुश थे,
अब वह खुदा हम पर मुस्कुराता है,
कहता है अब मुस्कुरा,
तेरा वक्त आ गया है,
जो जाने अनजाने किया,

उन सबका अंजाम आ गया।

अब दिल की धड़कने तेज हुई,
जब पूरी ज़िंदगी का,
हिसाब किताब हुआ,
उस ऊपर वाले की एक दस्तक पर,

अब तो वक्त भी ना बचा,
कुछ समझाने का,
जो किया उसका सुधारने का,
अब वक्त हो चला,
सज़ा का,उसकी अदालत में,
जहाँ मिलता सबको इंसाफ़,

ये आख़िरी दस्तक होती तो सबको है,
पर,किसी के लिए सज़ा तो किसी के लिए मज़ा बनकर आती है।

उस दस्तक से नहीं अपने ही कर्मों से डरो,
क्यूँकि कोई है जो सब देख रहा है,
सब लिख रहा है,
जिस से कुछ नहीं छुपा है,
वो दस्तक दे दिल इस से पहले ख़ुद को संभाल लो,
हर वो किया आयेगा,
जिसे किसी ने देखा नहीं ये सोच कर मुस्कुरा रहे थे तुम ।।।।

17. मिट्टी में ही तो मिलना है

मिट्टी में ही तो मिलना है

मिट्टी में ही तो मिलना है,
तो पैसे का इतना गुरूर क्यों,
ख़ूबसूरती पर इतना घमंड क्यों,

अपनों से इतने फासले क्यों,
गैरों से इतनी नज़दीकियाँ क्यों,

बेमतलब की ज़िद क्यों,
बेवजह का ग़ुस्सा क्यों,

चीज़ों से इतना लगाव क्यों,
हर बात का इतना तनाव क्यों,

इतनी अकड़ क्यों,
सब मेरा है,
मेरे बिना कुछ मुमकिन नहीं,
ये ग़लतफ़हमी क्यों,

ख़ाली है आये, खाली है जाना,
इस बात को समझने में इतनी मुश्किल क्यों???

18. बदलते लोग

बदलते लोग

कपड़े पुराने हो जाए तो, तो नए ले लेते है,
चीज़े ख़राब हो जाए तो बनवा लेते है,

पर अगर इंसान ही बदल जाए तो क्या?

शेयर मार्केट की रफ़्तार से रंग बदलते है इंसान,
पैसा और जरूरत के हिसाब से,
कड़वा या मीठे रखते है व्ययवहार,

गिरगिट रंग बदलती है ये तो सुना था,
पर अब तो इंसान रंग बदलते है, ये देख भी लिया,

बहुत ही बखूबी से बदलते है ये,
परिस्थिति देखकर करते है रियेक्ट,
किसी के सामने कुछ,
तो किसी के सामने कुछ और,
एक नहीं अनेक रूप है अब इनके,

जानने के लिए बस एक मुसीबत ही काफ़ी है,

कुछ छोड़ जाएँगे किनारे पर,
और करेंगे आपके गिरने का इंतज़ार,
कुछ हाथ थामे रहेंगे अंत तक,
गिरने पर सम्भालने के लिए ।

वक्त के साथ अपडेट होना तो सुना था,
पर जरूरत के हिसाब से बदल जाना हर बार
है ये कौन सा अपडेट,
इतनी जल्दी तो मोबाइल भी अपडेट नहीं होता,

सिर्फ इतना ही नहीं इनका तराजू भी इनके हिसाब से मापता है,
यह ख़ुद या इनका कोई अपना गलती करे,
तो कोई बात नहीं, गलती माफ,
और कोई दूसरा करे तो भारी ज़ुर्म,
फिर क्या हो जाते है सज़ा देने को तैयार।

बदलाव जरूरी है,पर इतना नहीं
की इंसान की पहचान ही बदल दे ।।।।

19. वो स्लैम बुक के पन्ने

वो स्लैम बुक के पन्ने

फिर याद आयी आज उस स्लैमबुक की,
जो स्कूल के बैग के एक कोने मे रहती थी,

हर पन्ने पर एक दोस्त,
हर पन्ने पर एक नई सोच,

स्कूल के फेयरवेल में तो जैसे,
स्लैम बुक का मेला लगा हो,

हर कोई आख़िरी बार,
अपने दोस्त की यादे समेटने में लगा हो,

और फिर अपनी फेवरेट टीचर
से स्लैम बुक भरवाने की तो जैसे लाइन लगी हो,

कुछ गुलाब के फूल अंदर ही रखे छोड़ दिए,
कुछ मोर पंख आज भी है पन्नों के बीच,
और कुछ यादें में क़ैद हो गए,

स्लैम बुक नहीं जैसे स्टेटस सिंबल था वो,
जिसे दिखो सजाता रहता था उसे,

ना जाने वह दोस्त,
वो स्कूल वाले टीचर,
वो प्रिंसिपल,
फिर मिले ना मिले,

इसलिए सबको एक जगह समेटने के लिए ही थी वो स्लैम बुक,

आज अलमारी में छुपे पुराने कपड़ों में से निकली,,
और सीधे लफ़्ज़ों में आ गई ।।।

If you still have your slam book, dive into the pool of memories and relive your school life once again.

20. मरने से पहले जीना सीख ले

मरने से पहले जीना सीख ले

क्यों ना मरने से पहले जीना सीख ले,
सब शिकवे शिकायतों को छोड़,
हर हाल में ख़ुश रहना सीख ले,

बीते हुए कल,
और आने वाले कल की चिंता छोड़,
आज में जीना सीख ले,

क्यों वक्त ज़ाया करे,
क्यों वक्त ज़ाया करे,
जो कितना है हमे मालूम भी नहीं,
क्यों ना हर पल में ज़िंदगी जीना सीख ले,

दिन के चौबीस घंटे हम अपने लिए जीते है,
क्यो ना उसमे से सिर्फ आधा घंटा,
क्यों ना उसमे से आधा घंटा जरूरतमंदों के लिए जीय,

दूसरो की ग़लतियाँ निकालने के बदले,

क्यों ना ख़ुद की ही थोड़ी ग़लतियाँ सुधार ले,
जब है इस बात का पता,
कि ख़ुशियाँ बाँटने से बढ़ती है,
तो क्यों ना दिल खोल कर के खुशियाँ बाँटें,
क्यों ना मरने से पहले जीना सीख ले,

बहुत हुआ भीड़ भाड़ में चलना,
क्यों ना अकेले चलना सीख ले,

मरना तो नहीं है, बस में हमारे,
पर जीना तो है,
पर जीना तो है,
क्यों ना मरने से पहले जीना सीख ले,
क्यों ना मरने से पहले जीना सीख ले ।।।।

21. ज़िंदगी की रेलगाड़ी

ज़िंदगी की रेलगाड़ी

ज़िंदगी की रेलगाड़ी में अकेले चलता चला मैं,
साथी तो बहुत थे मेरी गाड़ी में,
पर उनमे से कुछ रुके थे,
अपनी मंज़िलो तक जाने के लिए,
तो कुछ अपना काम पूरा होते ही निकल लिए,

लोगों की इस भीड़ में अकेले चलता चला मैं,
बहुत से मंज़र आए,
पर मुझे ना रोक पाए,
ना जाने किस मंज़र की थी तलाश मुझे,

लोगों की इस भीड़ में चलता चला मैं,
कुछ ख़्वाब मेरे भी पूरे हुए,
कुछ उड़ान मैंने भी भरी आसमान में,
पर पीछे मुड़ा, तो वहाँ भी अकेला ही था,
हा भीड़ में कुछ लोगों ने तालियाँ ज़रूर बजाई,
लेकिन ये सोचकर कि आज इसकी बारी है,
तो कल मेरी बारी आयेगी,

लोगों की इस भीड़ में अकेले चलता चला मैं,

कुछ तो हंस भी पड़े,
की जो किया मैंने, वो कुछ बड़ा नहीं,
बस है एक आम सी कहानी,
फिर भी में ना रुका,
मैंने भी थी कुछ मन में ठानी,
ना दे साथ कोई
तो, कौन सी नई है कहानी,
मैंने अपनी राह ख़ुद है बनानी,

लोगों की इस भीड़ में चलता चला मैं,
कमाल की बात ये हुई,
की मैंने हर मोड़ पर अकेले चलना सीख लिया,
ना कोई सहारा, ना किसी की आस,
बस ख़ुद का सहारा और ख़ुद पर विश्वास,
ले गए मुझे मेरी मंज़र की ओर,
जहाँ फिर में अकेले खड़ा था,
पर अपनी जीत की मुस्कुराहटों के साथ,
भीड़ को बहुत पीछे छोड़
अपनी ज़िंदगी के मनचाहे पड़ाव पर,
अब सारी दुनिया यही कह रही थी,
कुछ करना हो तो उस से सीखो,
कुछ करना ही तो उस से सीखो,
जो भीड़ में अकेला था
जो भीड़ में अकेला था।।।।

www.ingramcontent.com/pod-product-compliance
Lightning Source LLC
La Vergne TN
LVHW050820051026
849532LV00008B/3032